T0097970

SOUL OF NEW YORK

GUIDA ALLE 30 MIGLIORI ESPERIENZE

SCRITTO DA TARAJIA MORRELL
FOTO DI LIZ BARCLAY
ILLUSTRATO DA ABBIE ZUIDEMA

EDIZIONI JONGLEZ

guide di viaggio

"MOLTO SEMPLICEMENTE,
ERO INNAMORATA DI NEW YORK.
NON INTENDO 'AMORE' IN MODO COLLOQUIALE,
INTENDO DIRE CHE ERO INNAMORATA
DELLA CITTÀ, IL MODO IN CUI AMI
LA PRIMA PERSONA CHE TI ABBIA MAI TOCCATO.
E NON AMERAI MAI PIÙ NESSUNO COSÌ."

JOAN DIDION

Descrivere New York in 30 esperienze? È una missione impossibile. È intrigante. È eccitante! Nel tentativo di condensare la mia città natale in 30 posti, mi sono presto resa conto che il suo fascino è racchiuso tanto negli interstizi quanto nei luoghi iconici, nel viaggio come nella destinazione.

È il motivo per cui, per questa guida, ho spesso raggruppato più luoghi in una stessa "esperienza", proprio come qualsiasi newyorkese convocato come giurato presso il tribunale si sarebbe consolato con del pho da Thái So'n (un ottimo ristorante vietnamita a Baxter Street, che non è rientrato nelle 30 esperienze, ma di cui vi sto parlando qui). Noi newyorkesi siamo tenaci. Cerchiamo incessantemente di piegare la città al nostro volere, ma la città vince sempre e, sebbene sfiniti, la amiamo ancora di più.

Come per tutti i bambini degli anni '80, il mio parco giochi era Central Park. All'inizio degli anni '90, sfidando il divieto materno, mi rifugiavo a SoHo (prima della sua metamorfosi in un gigantesco centro commerciale). Verso la fine degli anni '90, frequentavo ristoranti Downtown con un'atmosfera soffusa come il Lucky Strike e discoteche ormai fuori moda – non so se sia un bene o un male ... La città è in continua evoluzione: cambia dimensioni e forma come Alice nel Paese delle Meraviglie (andate a vederla a Central Park!). Strizza l'occhio sia alla nostalgia che al progresso. Gli abitanti originari costretti ad andarsene a causa della gentrificazione e dell'avidità di alcuni proprietari di casa, vengono sostituiti da cloni che ci attirano con elementi familiari.

Mi spezza il cuore che alcuni dei luoghi mitici ai quali avrei voluto indirizzarvi siano scomparsi in questo turbinio, come il ristorante El Quixote dell'hotel Chelsea (frequentato da poeti bohémien come Bob Dylan, Dylan Thomas, Leonard Cohen e molti altri geni), che dovrebbe rinascere sotto forma di un edificio di lusso. Ma New York è anche questo.

Qui, la sfilata di corpi, moda, arte e commercio in strada è ipnotica come uno spettacolo di Broadway. La nostra è una città che si scopre camminando, fatele onore, se potete.

Ovviamente, questo libro è solo un assaggio di tutti i luoghi che vale la pena vedere. Ma spero che vi farà venire voglia di scoprire i vari volti della nostra città: vecchio, nuovo, snob, modesto, fiorente, sopravvissuto e creativo e molti altri ancora.

Lasciate che New York vi sfinisca: ne vale la pena!

– Tarajia Morell – autrice

IN QUESTA GUIDA
NON TROVERETE

- toast all'avocado
- consigli su Broadway
- posti instagrammabili (approfittate del momento!)

IN QUESTA GUIDA
TROVERETE

- l'arte di mangiare la pizza come un newyorkese
  (attenzione: è un argomento controverso)
- la casa di un pittore che ha precorso i tempi
- un trucco per ridurre il punto vita senza fare gli addominali
- ravioli tibetani nascosti dietro un negozio di cellulari
- i menu di un ristorante storico "femminista"
- collane come quelle di Carrie Bradshaw
- un campo da tennis in una stazione ferroviaria

A causa della pandemia, alcune attività potrebbero aver modificato
il proprio orario di apertura o le possibilità di accesso.
Si prega di verificare online le modalità più aggiornate.

I SIMBOLI DI
"SOUL OF NEW YORK"

Gratuito

Meno
di 20 $

Da 20 $
a 100 $

Più
di 100 $

Primo arrivato,
primo servito

Prenotare

Così
newyorchese

Romantico
per coppie

30 ESPERIENZE

01. Mangiare un vero hamburger *underground*
02. Cambiare silhouette
03. La mattinata ideale ad Harlem
04. La migliore pizza della vostra vita
05. Il surf in stile newyorkese
06. Il fitness che ci ripulisce
07. Assaporare dei *Bo Ssäm* con gli amici
08. Un cinema unico
09. I luoghi imperdibili di Williamsburg
10. La più piccola camera d'albergo a New York
11. Oh, che giorno perfetto!
12. Fare la spesa come uno chef
13. Ascoltare jazz con il fantasma di Miles Davis
14. Riflessione filosofica sul brunch
15. Il ristorante *omakase* di un eccentrico
16. Il trio vincente di Chinatown
17. Giocare a tennis in una stazione centenaria
18. Il ristorante più appetitoso di New York
19. Tuffarsi in un Martini e in un libro per bambini
20. Fare regali come un newyorkese
21. L'universo creativo di Donald Judd
22. Retrò-eccentrico, cena thai-americana
23. Una serata poetry slam
24. Il fascino di Central Park
25. Come conquistare il Queens
26. Il ristorante della New York di ieri, di oggi
    e - si spera - di sempre
27. Ottantotto gusti di gelato (e di bollicine)
28. Sandwich al pastrami con pane di segale
29. Galleggiare nelle terme romane
30. L'hotel per tutte le sere

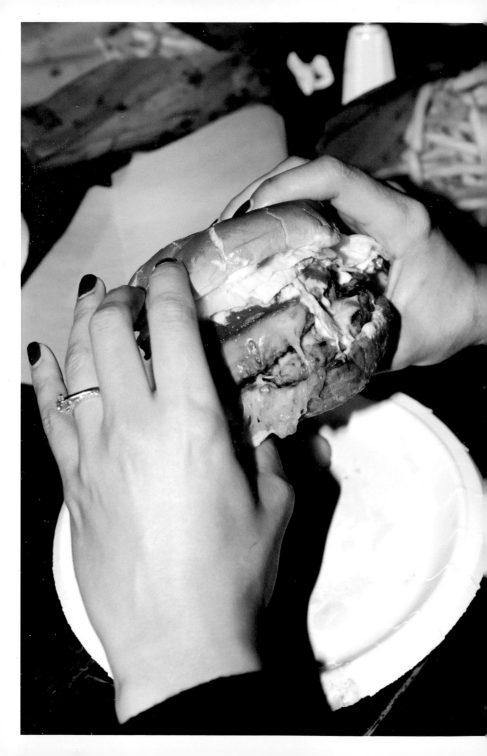

MANGIARE UN VERO
HAMBURGER
UNDERGROUND

Non mancano i motivi per venire a Midtown: una voglia di shopping da appagare sulla Fifth Avenue, il MoMA, un po' di pattinaggio sul ghiaccio al Rockefeller Center sotto l'enorme albero di Natale, un'opera al Lincoln Center o una commedia musicale a Times Square ... Ma niente dà più soddisfazione che entrare nell'elegante hall dell'hotel Parker, scorgere l'insegna luminosa ed essere guidati dall'aroma di carne alla griglia fino a uno dei migliori hamburger di New York. Ci troviamo di fronte a un sapiente assemblaggio di bistecca, formaggio americano, lattuga iceberg, pomodoro e sottaceti, in una sala che sembra un bunker travestito da club.

Poiché amiamo mescolare gli stili, vi consigliamo di iniziare con un aperitivo ultra-selezionato nel posto più esclusivo di Midtown: The Grill, un ristorante progettato da Mies van der Rohe, dove letteralmente nascono le tendenze . Poi proseguite verso il Burger Joint per il perfetto cheeseburger senza fronzoli.

 THE BURGER JOINT
THE PARKER HOTEL
119 WEST 56TH ST, NEW YORK, NY 10019

+1 (212) 708 7414   burgerjointny.com

CAMBIARE
SILHOUETTE

Un tempo quartiere pieno di sartorie e negozi di tessuti, abitato dagli immigrati che vi lavoravano, il Lower East Side rimane il nostro posto preferito per scovare abbigliamento su misura.

Qui i signori in cerca di un completo troveranno la felicità al Freemans Sporting Club. È a questa boutique per uomo che dobbiamo la tendenza da boscaiolo elegante, ma si prendono le misure anche per uno smoking. Altrimenti, ripiegate su una giacca o un berretto rustico-chic della loro collezione … E sì, i sarti di Freemans saranno felici anche di prendere le misure delle signore.

 FREEMANS SPORTING CLUB
8 RIVINGTON ST
NEW YORK, NY 10002

+1 (212) 673 3209   freemanssportingclub.com

FOTO: FREEMANS SPORTING CLUB

A proposito, signore, se avete sempre desiderato cambiare silhouette senza passare per gli addominali, andate da Orchard
Corset che dal 1968 sublima le donne in tutte le loro forme. La
proprietaria, Peggy Bergstein. La sua promessa? Farvi perdere
almeno 10 cm. Il negozio non è cambiato molto in 50 anni, anche
se la clientela spazia da celebrità come Madonna e Lizzo a legioni
di donne che vorrebbero far credere che il loro vitino da vespa sia
naturale al 100%.

📍 **ORCHARD CORSET**
157 ORCHARD ST
NEW YORK, NY 10002

+1 (212) 874 0786

LA MATTINATA IDEALE
AD HARLEM

Parliamoci chiaro: l'anima di New York si trova ad Harlem e non se ne parla proprio di visitare la città senza passare di qua. Non perdetevi lo Studio Museum of Harlem, che espone opere di artisti di origine africana, e lo Schomberg Center for Research in Black Culture, tra una visita e l'altra ai ristoranti iconici di Harlem.

Sylvia's, il ristorante i cui piatti scaldano il cuore dalla mattina alla sera fin dal 1962, è una vera istituzione (prendete il contorno di mais al burro). Proprio accanto, dallo chef Marcus Samuellson, il Red Rooster Harlem è un'ode alle numerose tradizioni culinarie del quartiere in un'atmosfera colorata.

📍 **SYLVIA'S**
328 MALCOLM X BLV
NEW YORK, NY 10027

+1 (212) 996 0660   sylviasrestaurant.com

 CHARLES' COUNTRY PAN FRIED CHICKEN
340 WEST 145 ST (A EDGECOME)
NEW YORK, NY 10039

+1 (212) 281 1800

Ma soprattutto, non perdetevi il Charles' Country Pan Fried Chicken, un ristorante informale nella sua nuova sede sulla West 145th Street. Nato in una piantagione nel sud e stabilitosi a New York dal 1965, il proprietario Charles Gabriel cucina il miglior pollo fritto che abbiamo mai assaggiato. Liberatevi dal torpore da digestione di patate dolci (un must), facendo una passeggiata verso sud, superato l'Apollo Theater e l'Hotel Theresa, verso la Harlem Haberdashery, per ammirare la loro linea di abiti firmati.

LA MIGLIORE PIZZA
DELLA VOSTRA VITA

NY adora la pizza! C'è una moltitudine di locali che vendono pizza al trancio (gli *slice shop*) e pizzerie di fascia alta, ma nessuna come Roberta's, la quintessenza della comunità degli artisti *hipster*. Roberta's non è cambiata dall'apertura nel 2008 a Bushwick: tempestata di graffiti, con forno a legna e tavoli da picnic, un bar hawaiano, un giardino un po' sgangherato e una cucina che sforna alcune delle migliori pizze e dei migliori piatti italiani sulla faccia della terra. In 12 anni Roberta's ha aperto anche Blanca, ristorante a due stelle sull'altro lato del giardino, le cui pizze surgelate si trovano nei supermercati. Ma mangiare *morcilla* e pere e una pizza "Cowabunga Dude" ascoltando musica rock proveniente dallo studio della radio culinaria che dà sulla sala del ristorante, è ciò che rende speciale questo posto, e non si può riprodurlo a casa.

ROBERTA'S
261 MOORE ST
BROOKLYN, NY 11206

+1 (718) 417 1118   robertaspizza.com

FOTO: ROBERTA'S PIZZA

FOTO: ROBERTA'S PIZZA

MANGIARE UN TRANCIO DI PIZZA
COME UN NEWYORKESE

Gli *slice shop*, soprannome affettuoso che i newyorkesi danno alle pizzerie molto semplici dove si acquista soprattutto pizza al trancio, sono frequenti ed essenziali in città, proprio come le gastronomie: ogni quartiere ha il suo, e sono un pilastro della dieta newyorkese, soprattutto a fine serata. Perfette per riscaldarsi prima di iniziare le ostilità, perfette per ritrovare forza dopo il ritorno da una notte folle e perfette per le colazioni con i postumi di una sbornia, i nostri tranci di pizza sono la chiave per sopravvivere quando siamo senza un soldo in questa folle metropoli.

Se volete passare per gente del posto, ecco come domare la vostra fetta:

(N.B.: questo metodo è oggetto di discussione)

IL SURF IN STILE
NEWYORKESE

La nostra località balneare, Rockaway, è vicina al centro in auto o in metropolitana (linea A). Anna Polonsky, fondatrice di Polonsky & Friends, e Fernando Aciar, ceramista e creatore dell'OStudio e dell'O Café, ci danno tutti i loro consigli per goderci Rockaway come uno del posto:

Andate in spiaggia! L'atmosfera è fantastica anche d'inverno!

1. Per una bella passeggiata, percorrete la banchina a partire dalla Beach 67th St.

2. Uma's: per dei buoni piatti uzbeki.
   92-07 Rockaway Beach Blvd

3. Tacoway Beach*: dove è nata la leggenda di Rockaway!
   Surf Club, 302 Beach 87th St

4. Whit's End: pizze cotte a legna + ottimo cibo dello chef locale Whitney Aycock.
   97-02 Rockaway Beach Blvd (Solo contanti)

*Solo nel periodo estivo

5. La Fruteria*: per frullati all'avocado.
Rockaway Beach Club, Beach 97th St

6. La Cevicheria*: la migliore in città!
97-01 Shore Front Pkwy, Beach 97th St

7. Goody's: cucina giamaicana buona da morire!
7018 Amstel Blvd, Arverne

8. Rippers*: rock'n'roll & hamburger classici.
8601 Shore Front Pkwy, Beach 86th St

9. Rockaway Brewing Co.: microbirrificio + buon cibo di strada con rotazione di venditori + serate che spaccano.
415 B 72nd St, Arverne

10. Rockaway Beach Bakery: i croissant al prosciutto e formaggio e i *browny* sono da sballo!
87-10 Rockaway Beach Blvd

11. Cuisine by Claudette: adoriamo la sua torta di banane e le sue ciotole di *açaí*.
190 Beach 69th St, Arverne

12. Caracas*: i migliori *arepas* di New York!
106-01 Shore Front Pkwy

13. a. Edgemere Farm*: frutta, verdura, miele e prodotti biologici.
385 B 45th St

13. b. Edgemere al mercato: tutti i fine settimana, tutto l'anno.
3-23 Beach 74th St, Far Rockaway, NY 11692

14. Dalla marina della 72nd St, fate una crociera nella baia (al tramonto!).

15. The Castle Rockaway: camere, feste, pop-up, workshop ++!
Beach 117th St

*Solo nel periodo estivo

IL FITNESS CHE
CI RIPULISCE

Avete sfiorato la morte attraversando Houston Street o vi hanno appena spinto e urlato contro in metropolitana? New York non è facile. Nel quotidiano o in viaggio, questa città è faticosa. Per evitare di impazzire, l'antidoto è The Class by Taryn Toomey, per sbarazzarsi di tutta la frustrazione, sfogarsi e contemporaneamente tonificare i glutei.

La fondatrice Taryn Toomey incoraggia a lasciarsi andare: ringhiate, urlate e preparatevi a sbavare. Le supermodelle Gisele Bündchen e Christy Turlington sono clienti abituali di The Class, che combina yoga, ginnastica calorica, pliometria e aerobica. L'ambientazione sonora è al top. Toomey ci spinge per il nostro bene con salti, addominali, respirazione profonda, ecc. che ripuliscono il cuore, il corpo e lo spirito … Stato all'uscita: pieni di energia, pronti a combattere con un nuovo giorno a New York!

THE CLASS
22 PARK PLACE, 3° PIANO
NEW YORK, NY 10007

Prenotazione obbligatoria online	theclass.com	Indossare le scarpe da ginnastica e andare presto 35 $

ASSAPORARE DEI *BO SSÄM*
CON GLI AMICI

Immaginate un'enorme spalla di maiale, tenera e succosa, condita con salsa di zucchero di canna... È il piatto forte del *ssäm* da preparare con un *wrap* d'insalata alla coreana, del *kimchi*, salsa barbecue e salsa di cipolla verde e zenzero. Al vostro tavolo, una decina di amici che divorano *ssäm* e ostriche, tra bottiglie di Riesling e di Beaujolais: la felicità! Questa è l'atmosfera del Momofuku Ssäm Bar, il secondo ristorante del pluripremiato imprenditore culinario David Chang. Nel menu, ottimi prodotti spesso da mangiare con le dita. Difficile valutare l'influenza di Chang e del suo impero Momofuku sulla cucina asiatico-americana dall'apertura del suo Momofuku Noodle Bar nel 2004.

SUGGERIMENTI: Ma da Ssäm è impossibile pensare a qualcosa di diverso dal prossimo boccone di prosciutto stagionato con maionese *sriracha* o dai *ssäm* con carne di maiale, anatra o granchio.

MOMOFUKU SSÄM BAR
89 SOUTH STREET, PIER 17
NEW YORK, NY 10038

+1 (212) 254 3500 | ssambar.momofuku.com

UN CINEMA
UNICO

Il newyorkese Alexander Olch aveva un sogno: creare un cinema vintage la cui sala e programmazione fossero un inno all'età d'oro di Hollywood. Andare al Metrograph significa sognare con Olch.

Ogni sera, il Metrograph proietta classici contemporanei come i film di Paul Thomas Anderson, capolavori senza tempo come "ET" di Spielberg, grandi nomi come Godard, Preminger, Wilder e Kubrick, o nuovi protagonisti come Noah Baumbach e Spike Jonze. La programmazione è scelta con amore e proiettata in 35 mm, formato canonico della settima arte (a meno che il film non sia girato in digitale). Le poltrone in velluto, realizzate su misura con gli scarti dell'ex zuccherificio Domino a Brooklyn, danno alla sala un dolce profumo di legno. Il Metrograph incarna ciò che New York sa fare meglio: rinnovarsi continuamente preservando la cultura per darci un futuro che valga la pena vivere.

SUGGERIMENTI: Andate a vedere un film al Metrograph poi concludete la serata cenando al Metrograph Commissary.

 **METROGRAPH
7 LUDLOW ST
NEW YORK, NY 10002**

+1 (212) 660 0312   metrograph.com

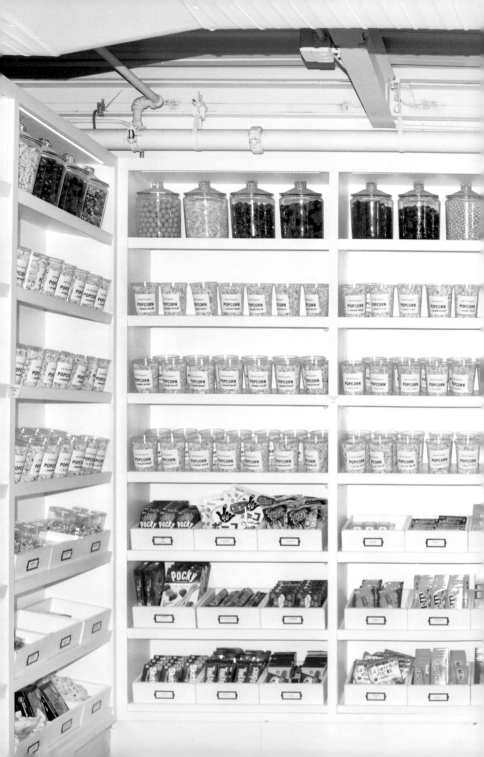

I LUOGHI IMPERDIBILI
DI WILLIAMSBURG

Il posto migliore dove posare i bagagli a Brooklyn è il Wythe, un'antica fabbrica del 1901 trasformata in hotel a Williamsburg. Non bisogna essere ospiti dell'hotel per entrare nei due bar ristorante, il Lemon's e Le Crocodile, ma con la loro cucina eccezionale e l'atmosfera soffusa, rendono il Wythe il luogo perfetto per riposare.

Non c'è neanche da pensare di venire a Williamsburg senza un aperitivo all'Achilles Heel a Greenpoint, uno dei migliori bar del mondo. Alla Bathhouse, siete più da hammam, sauna o massaggio? Andate a caccia di affari sugli scaffali vintage del Beacon's Closet o nella collezione selezionata dal nostro negozio preferito, il Narnia Vintage. Andate a vedere un concerto insolito in un concept building al National Sawdust o all'Union Pool. Prenotate la cena in un ristorante italiano divino, il Lilia (prendete i mafaldini!), o in un bar stellato di vini naturali, The Four Horsemen (una buona idea anche per il pranzo). Nessuna prenotazione? Direzione The Diner, il ristorante che era lì prima di ogni altra cosa. E se non siete ancora stanchi, è tempo di andare a Baby's All Right per ascoltare musica dal vivo in un'atmosfera infuocata.

 WYTHE HOTEL
80 WYTHE AVE
BROOKLYN, NY 11249

+1 (718) 460 8000 | wythehotel.com

PHOTO: WYTHE HOTEL

PHOTO: WYTHE HOTEL

NATIONAL SAWDUST
80 NORTH 6TH ST
BROOKLYN, NY 11249

+1 (646) 779 8455

nationalsawdust.org

BATHHOUSE
103 N 10TH STREET
BROOKLYN, NY 11249

+1 (929) 489 2284

abathhouse.com

NARNIA VINTAGE
672 DRIGGS AVE
BROOKLYN, NY 11211

+1 (212) 979 0661

narniavintage.com

LILIA
567 UNION AVE
BROOKLYN, NY 11222

+1 (718) 576 3095   lilianewyork.com

FOTO: THE JANE HOTEL

FOTO: THE JANE HOTEL

LA PIÙ PICCOLA
CAMERA D'ALBERGO
A NEW YORK

Ovviamente, se avete un budget illimitato, potete soggiornare al Carlyle, al Bowery o al Greenwich Hotel. Ma se i tempi sono difficili, The Jane fa per voi: benvenuti in un vecchio rifugio per marittimi nel cuore del West Village, a due passi dalla Highline e dal nuovissimo Whitney Museum. Nel 1912 vi furono alloggiati i sopravvissuti del Titanic. Negli anni '80 e '90 The Jane è stato l'epicentro della cultura bohémien e dell'ondata ribelle rock e ora è diventato il luogo di tendenza per chi viaggia in economia, con stanze minuscole, stile cabine delle navi. Nonostante le modeste dimensioni delle stanze, la sala da ballo ospita alcune delle feste più alla moda di Downtown.

THE JANE HOTEL
113 JANE ST
NEW YORK, NY 10014

+1 (212) 924 6700   thejanenyc.com

FOTO: THE JANE HOTEL

OH, CHE
GIORNO PERFETTO!

A. GIORNO PERFETTO #1, DOWNTOWN-WESTSIDE

Mangiate un panino "Bodega" per colazione a High Street on Hudson; percorrete la Highline fino a Chelsea e gironzolate tra le gallerie tra la 18a e la 26a strada. Passeggiate lungo la 9th Avenue fino alla West 10th Street, fermatevi al CAP Beauty Daily per tutti i vostri prodotti naturali di bellezza e benessere. Pranzo al Via Carota, poi passate da Stonewall per rendere omaggio a coloro che hanno combattuto per i diritti dei gay. Passeggiate a Washington Square Park per assistere alla sfilata di musicisti, studenti e cani a spasso. Salutate Sylvette, un Picasso tra le due torri I. M. Pei. Per del vintage incredibile e aspirazionale, fermatevi da What Goes Around Comes Around a SoHo prima di cenare al Frenchette.

 FRENCHETTE
241 W BROADWAY
NEW YORK, NY 10013

+1 (212) 334 3883

frenchettenyc.com

B. GIORNO PERFETTO #2, EAST VILLAGE & LOWER EAST SIDE

Partite con il piede giusto con dolci e caffè da Abraço. Quindi, i bibliofili correranno da Dashwood Books (Great Jones St.) o da Bonnie Slotnick Cookbooks, una libreria lillipuziana con una straordinaria collezione di libri di cucina. Voglia di souvenir? Andate dalle parti di John Derian sulla 2nd Street East, quindi passeggiate su Bowery Street fino al New Museum. Se avete sete, fermatevi per un cocktail al bar del Freeman's, il ristorante a cui si deve la tendenza delle lampadine Edison e dei trofei di caccia. Per cena, andate al bar di vini naturali Wildair, quindi al Ten Bells se vi serve più carburante. Jukebox, biliardo e cocktail vi aspettano per finire la serata da Lucy's sull'Avenue A.

DASHWOOD BOOKS
33 BOND ST A
NEW YORK, NY 10012

+1 (212) 387 8520   dashwoodbooks.com

CHEFS: IÑAKI AIZPITARTE, JEREMIAH STONE (CONTRA, WILDAIR & PEOPLES), PAUL BOUDIER

FARE LA SPESA
COME UNO CHEF

New York è una giungla urbana, siamo d'accordo. Ma oltre i sobborghi, gli agricoltori lavorano sodo. Sono i veri eroi della scena gastronomica di New York. Sono quelli che forniscono i nostri migliori chef e i molti newyorkesi che resistono ancora al cibo spazzatura. Razze suine locali, polli allevati senza ormoni, melanzane buone da morire, prugne e albicocche a giugno, curcuma e cavoli cinesi a dicembre: tutto grazie a loro.

Fino all'avvento delle filiere corte negli anni '70, mangiare qualunque cosa in qualsiasi periodo era indice di ricchezza negli Stati Uniti. Consumare prodotti locali e stagionali era da cafoni. Le cose sono cambiate molto. Ora sono i più privilegiati a poter mangiare i migliori prodotti freschi di stagione, coltivati e allevati secondo metodi sostenibili.

 UNION SQUARE GREENMARKET
UNION SQUARE
MANHATTAN

grownyc.org

ASCOLTARE JAZZ
CON IL FANTASMA
DI MILES DAVIS

Se le mura del Vanguard Village potessero parlare, ne racconte-rebbero di storie sui grandi nomi che sono passati dalla sua apertura nel 1935. Miles Davis, Thelonious Monk, Charles Mingus, Stan Getz, Bill Evans, tutti i più grandi hanno onorato questo piccolo seminterrato del West Village con le loro ammalianti improvvisazioni.

THE VILLAGE VANGUARD
178 7TH AVE S
NEW YORK, NY 10014

+1 (212) 255 4037   villagevanguard.com

ARCHITETTURA
MITICA

IL PONTE DI BROOKLYN

LA SEDE DELLE NAZIONI UNITE

IL MUSEO GUGGENHEIM

L'OCULUS

IL CHRYSLER BUILDING

L'EMPIRE STATE BUILDING

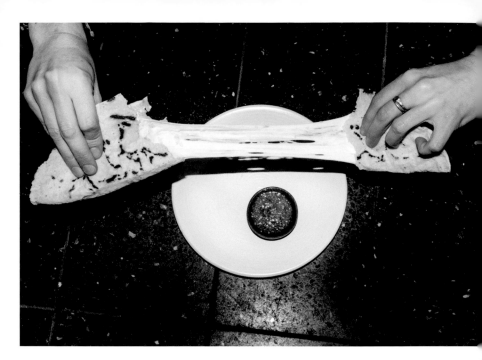

ATLA
372 LAFAYETTE ST
NEW YORK, NY 10012

+1 (347) 662 3522

atlanyc.com

RIFLESSIONE FILOSOFICA
SUL BRUNCH

Per noi come per Atla, ciò che interessa del brunch è più nell' epicureismo che non nella moltiplicazione di Bloody Mary; in un hamburger o un piatto di pasta preparato alla perfezione che non in dieci tipi di uova e di Bellini in una festa in pieno giorno. Il brunch ideale è un giro romantico in bici o mano nella mano con la persona amata per andare a mangiare delle *tapas* flirtando, o semplicemente un momento al bancone, sorseggiando un bicchiere di vino prima di andare a vedere una mostra o un film. Senza persone amate, il "pranzo del fine settimana", come viene più spesso chiamato, rimane l'occasione per divertirsi in buona compagnia; scandisce un pomeriggio da passare chiacchie-rando, passeggiando, andando per mercati a caccia di occasioni e oziando. Non è una scusa per perdere una bella giornata a bere.

IL RISTORANTE OMAKASE
DI UN ECCENTRICO

Uno dei migliori ristoranti *omakase* di New York è dove non ce lo aspetteremmo. Uno, è a Chinatown. Due, è sopra un *izakaya* e al cocktail bar Straylight. Atmosfera: viaggio psichedelico ispirato all'art brut e ai lavori dell'architetto Buckminster Fuller, il tutto firmato da due artisti premiati, Jonah Freeman e Justin Lowe.

Ma anche senza tutto questo, il bar *omakase* dello Chef Kazuo Yoshida merita una visita (e il conto). Con la sua personalità esuberante, i capelli fluorescenti e l'inclinazione per i nomi *street style*, Yoshida, originario di Nagasaki, conduce le danze con uno splendido balletto di sushi di ricciola, sardina maculata o tonno grasso e persino una degustazione di riccio di mare, il suo preferito. E se vi offre di assaggiare qualcosa di insolito, come dello sperma di merluzzo, rispondete solo SÌ.

Fidatevi del suo buon gusto.

 JUKU
32 MULBERRY ST
NEW YORK, NY 10013

+1 (646) 590 2111   jukunyc.com

FOTO: JUKU

IL TRIO VINCENTE
DI CHINATOWN

Oh Chinatown, con le tue bancarelle per strada traboccanti di polpo e *durian*, i tuoi residenti senza età che sputano per terra, le tue sale massaggi, i tuoi centri commerciali cinesi e, naturalmente, i tuoi ristoranti. Non si può visitare New York senza avventurarsi in questo quartiere un po' appiccicoso, abitato da un secolo da immigrati che sono venuti nella nostra bellissima città in cerca di una vita migliore. Ci sono pantofole di velluto cinesi, miliardi di ninnoli asiatici, finte borse Vuitton e Gucci e alcuni dei migliori ristoranti della città. Il Royal Seafood, il Golden Unicorn, l'Oriental Garden e il Jin Fong sono una garanzia. Ma il trio vincente di questa esperienza è un pranzo al Dim Sum Go Go, un massaggio al cuoio capelluto e spazzolatura al salone Mian Tian e un *bling-bling* da New Top Jewelry.

 DIM SUM GO GO
5 E BROADWAY
(TRA CATHERINE ST E CHATHAM SQ)
NEW YORK, NY 10038

 o

+1 (212) 732 0797   dimsumgogo.com

SUGGERIMENTI:

- Da provare assolutamente al Dim Sum Go Go: ravioli di anatra, erba cipollina con funghi e gamberi, torta di rapa, noci glassate con miele ed erba cipollina.

- Dal parrucchiere Mian Tian (170 Canal Street, 2° piano), adoriamo la formula "Shampoo / Blow / Style". Dieci minuti di massaggio a spalle / collo, 5 minuti di massaggio / shampoo sulla poltroncina, 10 minuti di massaggio / shampoo al lavandino e spazzolatura: non male per 15-25 $.

- Gli adolescenti alla moda vanno da New Top Jewelry per orecchini, ciondoli e collane con il loro nome, alla Carrie Bradshaw. Dite a Jane che andate da parte nostra.

NEW TOP JEWELRY
185 CENTRE ST
NEW YORK, NY 10013

+1 (212) 226 8159

GIOCARE A TENNIS
IN UNA STAZIONE
CENTENARIA

Visitate la Grand Central Station, una meraviglia delle Belle Arti a Midtown, ammirate le costellazioni della sua cupola, trovate la sua galleria dei sussurri e ... finite con una partita a tennis nei suoi campi segreti al 4° piano.

Il Vanderbilt Tennis Club è nascosto nelle antiche Grand Central Art Galleries, fondate da John Singer Sargent e aperte dal 1922 al 1952. Attualmente ci sono due campi (uno per professionisti, uno per dilettanti) dove tutti possono giocare con prenotazione e a pagamento.

VANDERBILT TENNIS CLUB
15 VANDERBILT AVE (4° PIANO)
NEW YORK NY 10017

+1 (212) 599 6500
Solo su prenotazione

vanderbilttennisclub.com

IL RISTORANTE PIÙ APPETITOSO
DI NEW YORK

Nel 1935 Russ non ebbe figli, ma tre figlie e una fiorente attività. Diede scandalo associandosi alle figlie e battezzando il negozio di alimentari di famiglia "Russ & Daughters" (Russ & Figlie). Fu la prima azienda americana a fare questo passo.

Dobbiamo l'affascinante Russ & Daughters Cafe a Orchard St alla quarta generazione di Russ, Josh Russ Tupper e Niki Russ Federman. È un enorme successo grazie alla cucina ebraica fatta in casa e costellata di tocchi creativi e adoriamo il "Super Heebster", un'insalata di pesce bianco e salmone con caviale di *wasabi*. Josh e Niki portano avanti la tradizione di famiglia con i loro banchi al Jewish Museum di Uptown e al Navy Yard di Brooklyn. Sempre dinamica, la famiglia Russ continua a mostrare a New York (e ai numerosi visitatori) cos'è un *appetizing store*.

RUSS & DAUGHTERS CAFE
127 ORCHARD ST
NEW YORK, NY 10002

+1 (212) 475 4880 ext. 2   russanddaughterscafe.com

- JOSH RUSS TUPPER E NIKI RUSS FEDERMAN -

PROPRIETARI DI RUSS & DAUGHTERS, LA PRIMA AZIENDA AMERICANA AD AVER
AGGIUNTO "& DAUGHTERS" AL SUO NOME QUATTRO GENERAZIONI FA

Vi qualificate come *appetizing store*. Potete chiarire il concetto?

NIKI: L'*appetizing store* è un simbolo culinario di New York. È una tradizione nata qui, con gli immigrati ebrei. Il nome si è perso, ma stiamo facendo di tutto per rianimarlo; è proprio della nostra città.

JOSH: L'*appetizing store* è cugino delle gastronomie. Vendiamo carne, latticini, pesce affumicato e essiccato. L'appetizing store è il catering dove si trova di che riempire i bagel!

Dal 1920 Russ & Daughters è un'istituzione. Ma mantenere un'attività di famiglia non è semplice a New York. Vi siete mai chiesti se ce l'avreste fatta?

J: Certo. I momenti difficili non mancano. Soprattutto quando ti impegni ad aprire un ristorante senza sapere come si fa ad aprire un ristorante.

N: Il fallimento non è un'opzione. C'è l'eredità delle generazioni precedenti e i nostri clienti: i newyorkesi. Non vogliamo essere la generazione che ha rovinato tutto. Ma continuiamo a trarre ispirazione dal negozio di East Houston St. È il nostro punto fermo, dà senso a ciò che facciamo.

J: Dobbiamo pensare a lungo termine.

N: Jeremiah Stone e Fabian von Hauske, gli chef di Contra e Wildair a Orchard St ... Il loro percorso in questo quartiere, il loro successo, ciò che New York rappresenta per loro, la possibilità di realizzare i loro sogni. Questa è New York!

Nessuno dei due aveva programmato di rilevare l'attività di famiglia. Che cosa vi ha spinto a farlo?

N: Sono cresciuta con la consapevolezza dell'unicità di questo negozio. Ovunque io vada, se l'argomento Russ & Daughters entra nella conversazione, il mio interlocutore condivide sempre un aneddoto, con l'espressione felice. Sentendo l'affetto dei clienti, ho capito che si trattava di qualcosa di prezioso, di una tradizione che volevo portare avanti.

Quale pensi sia il luogo o l'esperienza che incarna maggiormente l'anima di New York?

J: Il bar Freemans tra il 2003 e il 2006, alle 18.00 di mercoledì, quando Yana faceva la barista.

BEMELMANS BAR
THE CARLYLE (INGRESSO SU MADISON AVE)
35 EAST 76TH ST
NEW YORK, NY 10021

+1 (212) 744 1600

rosewoodhotels.com

TUFFARSI IN UN MARTINI
E IN UN LIBRO
PER BAMBINI

Il Bemelmans è un illustre bar in stile Art Déco al piano terra dell'hotel Carlyle. Alle pareti, gli unici affreschi pubblici rimasti di Ludwig Bemelmans, autore della serie di libri per bambini *Madeline*. E ogni volta che ci si va, c'è un po' di inquietudine.

Avremo un tavolo? Chi incontreremo?

Ci si siede e si assapora il primo sorso di un enorme Martini servito con shot di gin. Il cuore sussulta quando il pianista inizia a suonare. Meglio arrivare poco prima dell'inizio della musica (tutti i giorni alle 17.30) per provare questa piccola scarica di adrenalina, prima di lasciarsi incantare dal piano, con un sottofondo di chiacchiere a bassa voce e tintinnio di bicchieri. La musica e l'alcol fanno presto effetto. Intorno a noi, dei sofisticati Upper East Siders, personaggi mondani con la faccia da botox, una celebrità occasionale. A volte da un tavolo scoppia una risata, ma se siamo qui, è per goderci la musica in un'atmosfera dorata e assaporare le storie che si intrecciano su e tra le pareti.

FARE I REGALI COME
UN NEWYORKESE

Paula Rubenstein ha un particolare talento nel trovare la perla rara, il tesoro unico nel suo genere che un rigattiere meno esperto avrebbe trascurato. Va bene, lei va a caccia di affari per conto nostro. Il suo omonimo negozio su Christie St. è una vera grotta di Ali Baba, i cui tesori meravigliosamente patinati - dipinti, tessuti, mobili, libri e antiche curiosità - raccontano 1001 storie.

John Derian Company sulla 2nd Street è un concept store per i newyorkesi in cerca del regalo perfetto. Qui si possono trovare ceramiche francesi di Astier de Villatte e bizzarre incisioni di

PAULA RUBENSTEIN
195 CHRYSTIE ST
NEW YORK, NY 10002

+1 (212) 966 8954   paularubenstein.com

Hugo Guinness, di cui la moda newyorkese va pazza. Ma non perdere i suoi pezzi forti: fermacarte, piatti e vassoi le cui illustrazioni provengono da cataloghi botanici e pubblicità del XVIII e XIX secolo.

Coming Soon è la creatura deliziosamente eccentrica di Fabiana Faria e Helena Barquet. Hanno occhio e riescono ad accaparrarsi stock di ceramiche fatte a mano, tappeti colorati, mobili antichi e decorazioni eclettiche. Vasi da fiori di granito, tazze cerulee, incenso e divertenti oggetti colorati attendono i fan dell'estetica contemporanea.

 COMING SOON
53 CANAL ST
NEW YORK, NY 10002

+1 (212) 226 4548 comingsoonnewyork.com

L'UNIVERSO CREATIVO
DI DONALD JUDD

Con le sue insegne di lusso, boutique hotel e ristoranti vivaci, è difficile immaginare che SoHo sia stato un quartiere devastato dal crimine, dove artisti e squatter condividevano vecchie fonderie. Oggi pochissimi artisti possono permettersi un appartamento in questo quartiere ultra-chic. Ma nel 1968, Donald Judd, un artista iconico al culmine della celebrità, acquistò lì il 101 di Spring St. per $ 68.000 per vivere e lavorare con la sua famiglia.

Donald Judd's Home and Studio è una capsula del tempo. Offre una panoramica esclusiva del suo spazio creativo e spiega come ha vissuto con le sue opere e quelle dei suoi contemporanei. Scopriamo anche il ciclo di reincarnazioni dei nostri quartieri, che passano dalle aree industriali dismesse ai centri creativi sotto l'effetto degli artisti prima di arrivare a una gentrificazione avanzata. È un affascinante viaggio nel tempo, nel lavoro, nell'ispirazione e nel successo.

 DONALD JUDD FOUNDATION
101 SPRING ST
NEW YORK, NY 10012

È richiesta la prenotazione	juddfoundation.org/visit/new-york	25 $ / persona 15 $ / studenti e anziani, muniti di documento

22

RETRÒ-ECCENTRICO,
CENA THAI - AMERICANA

Il nostro battito accelera quando arriviamo e sentiamo la colonna sonora thailandese retrò.

Quando l'ex coppia di chef di cucina raffinata Ann Redding e Matt Danzer ha aperto Uncle Boons, il loro ristorante stellato Michelin ispirato alle ricette tradizionali thailandesi delle radici di Redding, speravano che sarebbe stato un successo, ma nulla avrebbe potuto prepararli per la meritata devozione dei fan di Boons. Uncle Boons ha chiuso durante il Covid, ma il gregge è migrato lì vicino, verso il Thai Diner, il loro nuovo locale aperto tutto il giorno.

La gente fa la fila fuori per avere la possibilità di sgranocchiare laab di pollo fritto, fegato di pollo tritato piccante, massaman neuh e khao soi, il tutto accompagnato da granite di birra, degustazioni di vino e cocktail in un'atmosfera eccentrica e allegra. È una combinazione vincente da completare con un gelato al cocco thailandese.

 THAI DINER
203 MOTT ST
NEW YORK, NY 10012

+1 (646) 850 9480   thaidiner.com

UNA SERATA
POETRY SLAM

Il celebre poeta beatnik Allen Ginsburg ha definito a ragione il Nuyorican "il luogo più integrato del pianeta". Quando un altro grattacielo cambia lo skyline e sembra che la vecchia New York - la vera New York - stia scomparendo, perdendo la sua grinta e diventando troppo brillante e nuova, è il momento di visitare il Nuyorican dell'East Village. Nella serata *open mic* in questo locale intimo e storico, artisti di tutte le razze ed età coraggiosamente mettono a nudo le loro anime attraverso canzoni, racconti e spettacoli hip hop, mentre il pubblico applaude.

In una città dove il commercio e il capitalismo sono spesso apprezzati più della creatività e dell'autenticità, il Nuyorican è una delle esperienze più appaganti che ci siano. Inoltre, potreste scoprire la *Next Big Thing* prima che prenda piede nel resto del mondo.

NUYORICAN
236 EAST 3RD ST
NEW YORK, NY 10009

Suggerimento: acquistate i biglietti online in anticipo mentre il posto si riempie!

+1 (212) 780 9386

Per ulteriori informazioni e prenotazioni, visitare il sito nuyorican.org

IL FASCINO
DI CENTRAL PARK

Central Park è il cuore di Manhattan.

Nella nostra giungla di cemento, aspiriamo al verde, lontano dal rumore, dal traffico e dal caos del nostro imponente alveare. Anche se gli architetti Frederick Law Olmsted e Calvert Vaux iniziarono nel 1857, ci vollero quasi 20 anni per completare Central Park, e questo significò spostare interi villaggi in quello che allora era principalmente terreno agricolo. Questa è la storia di New York!

In estate, ci dirigiamo verso Sheep's Meadow per prendere il sole e in inverno, arranchiamo sulla pista di pattinaggio sul ghiaccio. Ma è così che il parco è presente nella nostra quotidianità: camminare con un amico o un cane; fare un picnic con la persona che frequentiamo; assistere a uno spettacolo di musica o una tragedia di Shakespeare; trovare un po' di pace e tranquillità – cosa che rende quegli 843 acri di verde preziosi per la maggior parte di noi.

Nella pagina successiva, ecco alcuni dei nostri posti preferiti per passeggiare o correre pensando ...

 CENTRAL PARK
DALLA 59TH STREET ALLA 110TH STREET
E TRA 5TH AVENUE E
CENTRAL PARK WEST, MANHATTAN

CENTRAL PARK

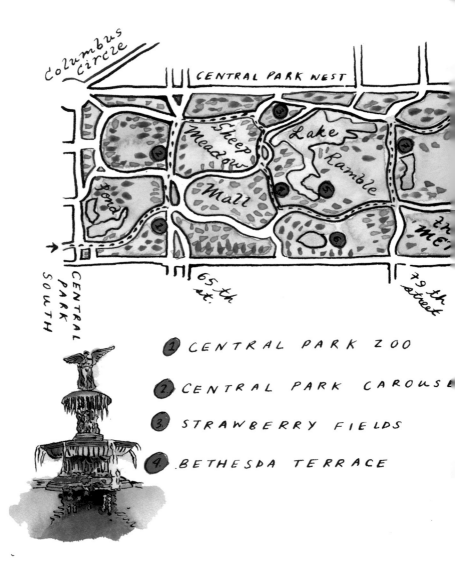

Columbus Circle

CENTRAL PARK WEST

Sheep Meadow

Lake

Ramble

Mall

Pond

in Me

CENTRAL PARK SOUTH

65th st.

79th street

1. CENTRAL PARK ZOO

2. CENTRAL PARK CAROUSE

3. STRAWBERRY FIELDS

4. BETHESDA TERRACE

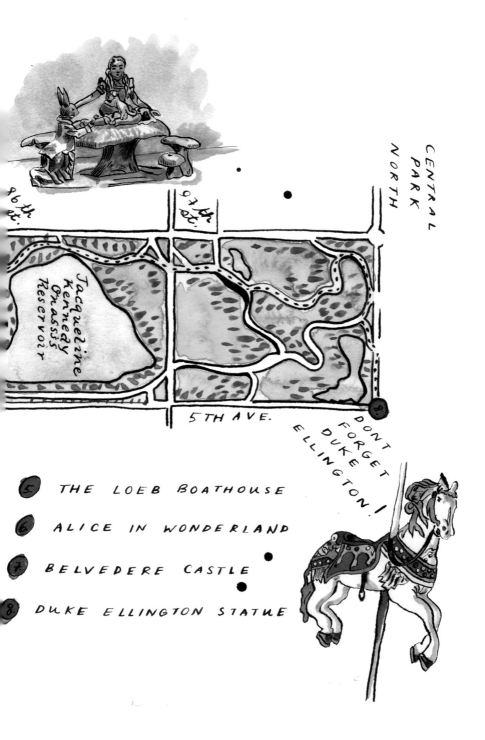

NORTH

CENTRAL PARK

86th St.

91st St.

Jacqueline Kennedy Onassis Reservoir

5TH AVE.

8

DONT FORGET DUKE ELLINGTON!

5. THE LOEB BOATHOUSE

6. ALICE IN WONDERLAND

7. BELVEDERE CASTLE

8. DUKE ELLINGTON STATUE

VISITATE
SMART

- Non abbiate paura di chiedere indicazioni. Newyorkesi anti-patici? È un mito. Adoriamo essere utili.

- Guardate in alto! Una grande parte della città è nel cielo. Non rimanete incollati al telefono.

- Esplorate il Metropolitan Museum of Art la sera. Venerdì e sabato è aperto fino alle 21:00. Visitate prima l'ala egizia.

- Il Museo Guggenheim è aperto fino alle 20:00 da sabato a martedì ed è gratuito sabato dalle 17:00 alle 19:30.

- Le gallerie di Chelsea sono chiuse domenica e lunedì.

- Se volete salire sull'Empire State Building, andateci la sera. La «città che non dorme mai» brilla di mille luci di notte e l'ultimo ascensore sale alle ore 1.15, 365 giorni all'anno.

- Saltate la visita alla Statua della Libertà e attraversate invece la baia in battello, da dove potrete vedere molto meglio

Lady Liberty e lo skyline. La destinazione ideale: l'LMCC's Arts Center, un nuovo spazio espositivo contemporaneo sulla Governors Island, aperto in estate e accessibile con il ferry.

· I ferry sono nostri amici: questi taxi acquatici collegano i diversi quartieri, sono una pausa dalla folla dei mezzi pubblici e non rimangono mai bloccati nel traffico.

· Per 10 $: concedevi una sessione di yoga con Yoga for the People.

· Per ottenere i biglietti last minute a Broadway, andate ai chioschi TKTS a Time Square. Biglietti supplementari vengono messi in vendita ogni giorno alle 17:00.

· Scoprite i migliori ristoranti all'ora di pranzo (Le Bernardin, Cosme, Casa Mono ...)

· I citibike sono fantastici. Restate nella vostra corsia.

· Alla Grand Central Station, ammirate le costellazioni sul soffitto. Nell'angolo nord-ovest della cupola, vedrete un quadrato scuro: è stato lasciato com'è dopo un restauro per mostrare ai visitatori gli effetti di un secolo di fuliggine.

THE ISAMU NOGUCHI FOUNDATION AND GARDEN MUSEUM
9-01 33RD RD (SUL VERNON BLVD)
LONG ISLAND CITY, NY 11106

+1 (718) 204 7088   noguchi.org

COME CONQUISTARE
IL QUEENS

Ci sono tanti motivi per innamorarsi del Queens. A venti minuti da Midtown, Manhattan, a Long Island City, il MoMA PS1 è una delle maggiori istituzioni americane dedicate all'arte contemporanea. Ma per un'esperienza tattile, serena e accattivante, nulla è paragonabile alla Isamu Noguchi Foundation and Garden Museum, raramente affollate e dove si può passeggiare tra le opere pionieristiche in pietra, legno, ottone e, ovviamente, carta dell'artista-designer giapponese.

Non lasciate il Queens senza mangiare. Jackson Heights è una delle esperienze più multiculturali al mondo. Ci sono circa 6.000 ristoranti nel Queens emblematici delle 120 nazionalità che risiedono in questo distretto, e a "Little India" (74th Street oltre Roosevelt Avenue), c'è una selezione particolarmente diversificata. Seguite una passerella tra due negozi di telefonia cellulare fino al dimesso Lhasa Fast Food per provare la carne di manzo ed erba cipollina (ravioli del sud asiatico) e una miriade di altre speziate prelibatezze tibetane.

MOMA PS1
22–25 JACKSON AVE
LONG ISLAND CITY, NY 11101

+1 (718) 784 2086

moma.org/ps1

LHASA FRESH FOOD
81-09 41ST AVE
QUEENS, NY 11373

+1 (917) 745 0364

Ma l'essenza di ciò che amiamo del mangiare a New York è da Dawa a Woodside, dove lo chef Dawa Bhuti unisce la sua eredità himalayana con l'impeccabile etica di approvvigionamento che ha imparato cucinando nei ristoranti di lusso di New York.

DAWA'S
51-18 SKILLMAN AVE
WOODSIDE, NY 11377

+1 (718) 899 8629   dawasnyc.com

FOTO: THE ODEON

IL RISTORANTE DELLA NEW YORK DI IERI, DI OGGI
E - SI SPERA - DI SEMPRE

Nel 1980, tre ristoratori, i fratelli Keith e Brian McNally e Lynn Wagenknecht, ognuno dei quali avrebbe in seguito aperto alcuni dei ristoranti e dei locali più amati della città, concepirono la perfetta brasserie di New York in un'antica caffetteria degli anni '30. Frequentata da creativi (Basquiat, Warhol, Calvin Klein, Madonna e De Niro, solo per citarne alcuni) e commemorata in Bright Lights, Big City di Jay McInerney, la brasserie The Odeon ha definito un'era di eccessi alimentata dalla cocaina. Sebbene l'atmosfera si sia notevolmente addolcita, il ristorante rimane un faro della nostra città che è fiorita tra mode e alluvioni. Con qualcosa di buono per tutti i gusti nel menu, più che un posto per turisti è un'ancora di quartiere e una destinazione per i veri newyorkesi, che speriamo di poter visitare per altri quarant'anni.

 **THE ODEON
145 W BROADWAY
NEW YORK, NY 10013**

+1 (212) 233-0507

- ADAM PLATT -

Adam Platt è il critico gastronomico del *New York Magazine* e da due decenni condivide le prove, le tribolazioni e le delizie della ristorazione nella nostra città e i meriti della nostra cultura del cibo. Platt ha recentemente pubblicato *The Book of Eating*, un libro di memorie sulla sua crescita a Hong Kong, Tokyo e Francia, fino a diventare il nostro critico più sardonico e divertente.

Cosa ne pensa della nostra città ossessionata dal cibo?

A New York c'è una vecchia cultura gastronomica e si scopre rapidamente che andare al ristorante non è qualcosa che si fa solo occasionalmente, ma sempre. Il pasto in famiglia è spesso qualcosa che viene fatto in un ristorante. I newyorkesi hanno questa innata ricerca, desiderio di scoprire e andare in posti, vecchi e nuovi, in una varietà di stili diversi.

New York è sempre stata ossessionata da ciò che è di moda, dall'essere al corrente … non solo del miglior nuovo ristorante francese, ma anche di cose più prosaiche - la migliore pizza, il miglior ramen, il miglior hamburger - come la fine della cucina raffinata e l'inizio della cultura millennial degli chef. Ciò che è stato di moda in termini di cibo negli ultimi 15-20 anni, è quello da cui gli chef sono ossessionati: ingredienti, tecnica, semplicità, interiora, qualsiasi cosa.

Cosa rende New York una destinazione gastronomica unica?

È la combinazione dei tre elementi chiave che rendono

unica New York: la profondità della cultura gastronomica, la varietà di stili e la stretta vicinanza e la frenesia che sono l'essenza della vita qui. La profondità della cultura culinaria esiste a Tokyo e Parigi e in qualsiasi città italiana, ma queste città non ne posseggono la varietà. A Los Angeles esiste una grande varietà, ma non c'è la cultura gastronomica. Qui, potrebbe non esserci il miglior cibo cinese, malese o messicano esistente, ma ci sono pochi posti al mondo in cui puoi spostarti da un quartiere all'altro e assaggiare il mondo intero. New York è l'unico posto dove spesso puoi letteralmente rimanere in un quartiere e il mondo verrà da te.

La varietà è un riflesso del tessuto di New York

Qual è un piatto locale tipico di New York?

New York è una città dai gusti semplici. Il piatto tipico di New York può essere un'ostrica o un pezzo di bistecca. Una fetta di pizza, un knish, un bagel o un hot dog, è qualcosa che si fa al volo. È qualcosa che si può portare, qualcosa che si intreccia con la frenetica attività

della città. Le nostre versioni sono resistenti per sopravvivere ai rigori di una giornata di New York in movimento; cibo relativamente economico e affidabilmente delizioso con sapori e umami primari, roba che attraversa il caos.

Cosa definiresti come un piatto iconico o un' esperienza culinaria di New York?

La mia risposta è sempre stata il Grand Central Oyster Bar perché si trova in questa connessione di movimento e di viaggio, ma tutti si muovono e vanno da qualche parte e le ostriche sono il nostro cibo locale, ma ultimamente è peggiorato molto.

Le Bernardin è un ottimo ristorante di quartiere. Come tutti i grandi ristoranti di New York, fa da ristorante di quartiere. È il ristorante di quartiere per la gente più anziana di potere di Midtown. A gestione familiare. Lo chef è lì - viene da qualche altra parte ma è senza dubbio uno chef di New York, che rimane nel suo ristorante. Non si può andare lì e non sentire il senso della grandezza della città. Se vuoi sentire la grandiosità di New York, vai a pranzare sul tardi al Le Bernardin.

88 GUSTI DI GELATO (E DI BOLLICINE)

Immaginate di amare così tanto il gelato da sentirvi costretti a offrire sette gusti alla vaniglia, sei varianti del cioccolato, cinque versioni del caramello, cinque del caffè e cinque della fragola ... E questo senza contare i gusti che non si trovano da nessun'altra parte, come il pistacchio-shiso, la banana al curry e i pinoli-sale e pepe!

Fortunatamente per noi, Nicholas Morgenstern è quel tipo di amante del gelato. Il suo negozio nel Greenwich Village offre 88 gusti con ingredienti impeccabili, senza additivi. Una ciliegina sulla torta, un bar con gelato - dove puoi anche avere una sublime combinazione di hamburger e patatine fritte alla Morgenstern - e un mini bar di bollicine, il Morgenstern's Fizzy Bubbly. In sostanza, il Morgenstern's Finest Ice Cream è la felicità.

 MORGENSTERN'S FINEST ICE CREAM
88 WEST HOUSTON ST
NEW YORK, NY 10012

+1 (212) 209 7684 | morgensternsnyc.com

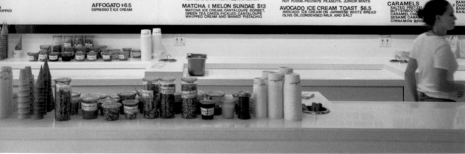

Morgenstern's

CAKES
BIG SLICE $11/A LA MODE $14

MILE HIGH COCONUT & PANDAN CAKE
A LA MODE WITH BLACK CURRANT SORBET

MANHATTAN BLACKOUT
A LA MODE WITH CHOCOLATE & ASH ICE CREAMS

ICE CREAM CAKES
BIG SLICE $13

PEANUT BUTTER WOLF
SALTED PEANUT BUTTER & CHOCOLATE ICE CREAMS W/RAW MILK

VIETNAMESE COFFEE
VIETNAMESE COFFEE ICE CREAM & COFFEE CRUMB CAKE W/WHIPPED CONDENSED MILK

KIDS MENU
CUP/CONE $4

MINI MORGENSTERN
MINI VERSION OF THE CLASSIC MORGENSTERN SALTED PRETZEL STANDARD

BUTTERSCOTCH BANGER $7.5
VANILLA ICE CREAM CARAMEL & CREAM

LITTLE LION HEARTED $5
HONEY ICE CREAM CHOCOLATE

SWEET DRINKS

HOUSE SODAS $2.5

FLOATS $8
TWO DIPS OF ANY ICE CREAM FLAVOR IN YOUR CHOICE OF HOUSEMADE SODA

SHAKES $9/12
YOUR CHOICE OF ICE CREAM FLAVOR~ MAKE IT A COMBO BY ADDING $1!

COOLERS $8
YOUR CHOICE OF SORBET FLAVOR

AFFOGATO $6.5
ESPRESSO & ICE CREAM

ICE CREAM STANDARDS

CHOCOLATE DELUXE $13
CHOCOLATE CAKES, CHOCOLATE ICE CREAMS, CHOCOLATE SORBET, CHOCOLATE WHIPPING CREAM

B&W PROFITEROLES $12
LABNE SORBET, CHOCOLATE SORBET, LABNE AND CHOCOLATE SAUCES

PINEAPPLE DREAMS $6.5
ASH ICE CREAM, PINEAPPLE, AND LEMON

MATCHA & MELON SUNDAE $13
MATCHA ICE CREAM, CANTALOUPE SORBET, GREEN TEA CAKES, PICKLED CANTALOUPE WHIPPED CREAM AND SHAVED PISTACHIO

STRAWBERRY ICE CREAM SANDWICH $11
STRAWBERRY JAM N' SOUR CREAM ICE CREAMS ON BROWN SUGAR MILK BREAD

KING KONG BANANA SPLIT $20
FIVE SCOOPS OF ICE CREAM, BANANAS, SESAME CARAMEL, PINEAPPLE, LUXARDO

SALTED CARAMEL PRETZEL $13
SALTED CARAMEL ICE CREAM W CARAMEL CAKES, PRETZELS, CARAMEL SAUCE AND WHIPPED CREAM

THE NEW GOD FLOW $12
MELTING RAW MILK ICE CREAM ON JAPANESE WHITE BREAD WITH CARAMELIZED HONEY

HOT TIN ROOF PICOSO'S CLASSICS $12
OLD GRAND-DAD BOURBON VANILLA ICE CREAM, HOT FUDGE, PICOSO'S PEANUTS, JUNIOR MINTS

AVOCADO ICE CREAM TOAST $6.5
AVOCADO ICE CREAM ON JAPANESE WHITE BREAD OLIVE OIL, CONDENSED MILK AND SALT

ICE CREAM FLAVOR
CUP/CONE • 1 DIP $4.5 • 2 DIPS
MONSTER CONE • 1 DIP $5.5 •

PARLOR FAVORITES
SALT N' PEPPER PINENUT
CHOCOLATE OAT
FERNET BLACK WALNUT
BLACK LICORICE
AMERICAN EGG
RAW MILK
GREEN TEA PISTACHIO
BURNT SAGE

VANILLAS
MADAGASCAR VANILLA
BOURBON VANILLA
BURNT HONEY VANILLA
FRENCH VANILLA
VANILLA CHIP
ANGEL FOOD VANILLA
BLACK PEPPER MOLASSES

CHOCOLATES
SALTED CHOCOLATE
BITTER CHOCOLATE
DUSTY GIANDUJA
SZECHUAN CHOCOLATE
CHOCOLATE
OLIVE OIL CHOCOLATE ORANGE

CARAMELS
SALTED PRETZEL
BUTTERSCOTCH
CARAMEL CHOC
SESAME CARAM
CINNAMON WHIS

AMER
BUTT
EDIBL
COOK
RUM
CHER
GINGI
PEAN
BLUE
RAINE

COFF
VIETN
MOD
COFF
COFF

STRA
SMOK
STRA
PIST
SOUR
PASS

BAN
XMAC
CHAS
BANA
BANA

UICK CUPS
TO-GO
$5

FLAVORS

BURNT HONEY VANILLA

SALTED CHOCOLATE

SALTED CARAMEL PRETZEL

VIETNAMESE COFFEE

GREEN TEA PISTACHIO

SMOOTH & DELICIOUS
STRAWBERRY

EDIBLE SCHOOLYARD
MINT CHIP

CASH
ONCY!

PLEASE KEEP
SERVICE DOOR
CLEAR OF
OBSTRUCTION
AT ALL TIMES

THANKS YOU!

SANDWICH AL PASTRAMI
CON PANE DI SEGALE

Ci viene l'acquolina in bocca non appena entriamo da Katz, con un piccolo biglietto arancione in mano. Non è solo la prospettiva di divorare un sandwich di pane di segale al pastrami: è l'atmosfera, l'energia, la gioia allo stato puro.

Dal 1888, Katz ha conosciuto diverse vite, senza smettere di accogliere la gente del posto con un gustoso menu. Alla fine del XIX secolo, quando gli immigrati ebrei fecero di New York la capitale mondiale del teatro yiddish, Katz's divenne il quartier generale di questa comunità. Da allora, è stato il locale prediletto delle celebrità (come dimostrano le foto ultra kitsch sui muri), ma è soprattutto per la sua autenticità e coerenza che i newyorkesi adorano Katz's.

SUGGERIMENTO: ordinate un sandwich con pane di segale, pastrami e senape, servito con deliziosi sottaceti. Fra l'altro, adoriamo anche la *coleslaw*.

 KATZ'S DELICATESSEN
205 EAST HOUSTON ST
(ALL'INCROCIO CON LA LUDLOW ST)
NEW YORK, NY 10002

+1 (212) 254 2246 | katzsdelicatessen.com

- SYLVIA WEINSTOCK -

INSEGNAMENTI DI VITA DELLA NATIVA NEWYORKESE E STRAORDINARIA FORNAI

Dove sei cresciuta?

Sono cresciuta a Williamsburg, sulla North 8th Street e Bedford Avenue, in un appartamento della ferrovia con l'acqua fredda, senza riscaldamento. Me ne sono andata quando avevo diciannove anni e mi sono sposata. Non torno mai indietro ... Tranne l'altra sera, sono andata a Williamsburg per cenare al Wythe Hotel. Mi sono quasi fermata per vedere l'angolo tra North 8th e Bedford, ma non credo nel tornare indietro, credo nell'andare avanti, quindi non mi sono fermata. Quel capitolo è chiuso. È un buon trucco: imparare ad andare avanti.

Da quanto tempo risiedi a Tribeca?

Vivo a Tribeca dal 1983 e non ho intenzione di andarmene. Se me ne vado, mi devono trascinare fuori di qui!

Com'è la tua New York? La tua Tribeca?

La città è divisa in molti modi. C'è l'Upper East Side, dove i marciapiedi sono belli e lisci, e tutti vivono in alti condomini e nessuno si conosce. Downtown è un'altra storia. In questo quartiere, tutti parlano tra loro per strada, in ascensore... Ho avuto un incidente circa due anni fa e camminavo con un

Mi piace essere più vecchia. Mi risparmio un sacco di sciocchezze

bastone. La gente si fermava e mi diceva, posso aiutarti ad attraversare la strada? Posso portare quel pacchetto per te? Trovo quest'area confortante. Le persone si aiutano a vicenda. Si sostengono. Dicono: "Mi piace il tuo cappotto!"

Come è cambiato Tribeca nel tempo?

Questi loft di Tribeca erano tutte fabbriche. In seguito gli artisti si sono trasferiti qui e hanno vissuto in loft da 5.000 m² per 20 $ al mese d'affitto. Successivamente i proprietari hanno scoperto che potevano ottenere più soldi, quindi addio artisti! Ora ci sono persone che pagano un affitto di 15.000 $ al mese e questi loft sono pieni di famiglie giovani.

Dove ti piace mangiare?

Mangio a casa. Cucino per gli chef, cose semplici, ma sono felici di mangiare in una casa e non in un ristorante. Mangio il più possibile nelle vicinanze perché voglio sostenere il mio quartiere. Vado all'Odeon, da Frenchette, da Petrarca. Sono andata al Tamarind l'altro giorno. Anni fa da studente, si poteva fare un pasto di 3

portate per 1,95 $. La vita era diversa. Non esiste più niente come i nichel.

Qual è stata la tua professione?

Ho avuto il Sylvia Weinstock Cakes per 40 anni e una serie straordinaria di clienti.

Molti che vengono da fuori città trovano New York City estremamente intensa. Cosa dici loro?

New York è una città ad alta energia ... non stressante. Dipende dal tuo atteggiamento. Il modo in cui le persone camminano, il modo in cui parlano ... lo senti. Siamo una città liberale: i tatuaggi fino al sedere non funzionerebbero nel Midwest. Ecco perché sono partiti e sono venuti qui! Gravitano verso un'area che li accetta e che è eccitante.

New York è ancora emozionante?

L'emozione viene dalle persone che conosci e dal tuo atteggiamento. Puoi sederti su una sedia a rotelle in un angolo e preparati a morire. Oppure puoi uscire e andare a pranzo e parlare con i giovani e conoscerli ... Le persone sono meravigliose. Vivere qui è corroborante.

FOTO: AIRE ANCIENT BATHS

GALLEGGIARE NELLE
TERME ROMANE

Entrare nell'Aire Ancient Baths a Tribeca è come entrare in un'altra dimensione. In un'antica fabbrica tessile del 1833 con sublimi travi e mattoni a vista, la piscina termale è immersa in una penombra che dà pace e una sensuale tranquillità. È il posto perfetto per allontanarsi dal rumore e dal caos della città (e pensare di essere nella Roma del V secolo). Le strutture e i trattamenti sono degni di un hotel a cinque stelle.

Molti servizi sono rivolti alle coppie (non per niente è il posto preferito dagli innamorati), come il bagno al Ribera del Duero, un vino rosso spagnolo. Noi preferiamo farci un *gommage* con il sale marino prima di galleggiare nella serenità della piscina di acqua salata.

 **AIRE ANCIENT BATHS
88 FRANKLIN ST
NEW YORK, NY 10013**

+1 (646) 878 6174

beaire.com
bookingnytribeca@beaire.com

L'HOTEL PER
TUTTE LE SERE

"E se andassimo a ballare?".

Questa è la domanda ricorrente a New York. Noi vi proponiamo due opzioni uniche e indimenticabili, entrambe al Roxy Hotel di Tribeca.

Andare al jazz club sotterraneo The Django è un viaggio nei ruggenti anni venti parigini. Dei *crooner* in costumi retrò vi faranno la serenata e i vostri piedi non avranno altra scelta che ballare.

 THE ROXY HOTEL TRIBECA
2 6TH AVE
NEW YORK, NY 10013

+1 (212) 519-6600   roxyhotelnyc.com

Nel frattempo al Paul's Baby Grand, la tana rosa creata dal leg-
gendario Paul Sevigny, i DJ suonano successi di tutte le epoche.
È di questo posto che Mark Ronson parla della sua canzone
Leaving Los Feliz. Dalla pista da ballo, ammirate i dipinti del gio-
vane prodigio contemporaneo Josh Smith.

Una curiosità: Roger, l'elegante signore dai capelli bianchi che
prepara i cocktail è stato il primo fidanzato di Madonna quando
era arrivata a New York.

SUGGERIMENTO: dite che andate da parte mia e molto probabil-
mente vi lasceranno entrare. XXX Tarajia.

THE DJANGO
THE ROXY HOTEL TRIBECA
2 6TH AVE
NEW YORK, NY 10013

thedjangonyc.com

PAUL'S BABY GRAND
THE ROXY HOTEL TRIBECA
2 6TH AVE
NEW YORK, NY 10013

roxyhotelnyc.com/dining/pauls-cocktail-lounge

L'ingresso al lounge è a discrezione del buttafuori

Nella collezione "Soul Of",
il 31° indirizzo non sarà mai rivelato
perché è troppo confidenziale. Sta a voi trovarlo.

UNO SPEAKEASY BAR
CON CUCINA *KAISEKI*

Il 31° indirizzo non vi sarà mai rivelato. Ma se vi trovate in un bar intimo con vecchi pannelli, ci siete quasi. Impossibile dirvi cosa ordinare: lo chef è specializzato in *kaiseki*, piatti giapponesi di stagione realizzati con i migliori prodotti locali. Vi consigliamo di fidarvi di lui e godervi il viaggio.

 **ATTRAVERSO "THE HALL"**

Prenotazione obbligatoria
odo.nyc